# DE LA RESPONSABILITÉ

## DES MINISTRES.

DE L'IMPRIMERIE DE FAIN, RUÉ DE RACINE, N°. 4.

# DE LA RESPONSABILITÉ

## DES MINISTRES,

## ET DU PROJET DE LOI

SUR LE MODE DE PROCÉDER DANS LES DEUX CHAMBRES
EN CAS D'ACCUSATION D'UN MINISTRE.

PARIS,

DELAUNAY, LIBRAIRE, PALAIS-ROYAL,

GALERIE DE BOIS, N°, 43.

1819.

# DE LA RESPONSABILITÉ

## DES MINISTRES,

## ET DU PROJET DE LOI

SUR LE MODE DE PROCÉDER DANS LES DEUX CHAMBRES

EN CAS D'ACCUSATION D'UN MINISTRE.

IL n'est point de spectacle plus digne de l'attention des penseurs, plus capable d'exciter de vives émotions dans l'âme des gens de bien, que celui qui nous est offert aujourd'hui par la France. Un philosophe disait que s'il avait à choisir entre la connaissance et la recherche de la verité, il se prononcerait pour la recherche de la vérité, tant les travaux qu'elle exige agrandissent les facultés morales de l'homme. Les paroles de ce philosophe pourraient s'appliquer avec justesse aux efforts d'une nation pour conquérir la liberté. Si les peuples que de heureux hasards ont mis depuis long-temps en jouissance des institutions que nous réclamons, doivent à ces institutions des vertus et des lumières auxquelles nous sommes encore étrangers, peut-être des idées

plus ingénieuses, des sentimens plus élevés jailli-
ront-ils parmi nous de la lutte entre l'opinion
éclairée qui appelle la liberté, et la résistance que
lui oppose le triste héritage de plus d'un despotisme.
Cette lutte présente des difficultés nombreuses ;
et il serait aussi frivole que dangereux de se les
dissimuler. Un trésor et des soldats suffisent pour
fonder le pouvoir absolu ; là tout est simple parce
que toutes les résistances sont écrasées par la force,
et que d'ailleurs ceux qui peuvent se résigner à un
gouvernement si informe, tombent bientôt dans
un état d'abrutissement, où peu de chose suffit à
leur bonheur. Mais les peuples qui sont placés plus
haut dans l'échelle des êtres, ceux dont l'âme s'est
ouverte aux nobles jouissances de la liberté, doivent
savoir que pour s'en assurer les bienfaits, ce n'est pas
trop des efforts réunis de tous et de chacun. Aide-
toi, Dieu t'aidera : telle est la devise de la liberté.
Ne craignons point de le dire, ce n'est pas seulement dans nos lois, dans nos institutions sociales,
que l'on voit l'empreinte des divers genres de
despotisme qui ont pesé sur notre pays ; leur trace
funeste se retrouve à chaque instant dans nos
idées et dans nos mœurs. Aucun des sophismes que
les gouvernemens successifs de la France se sont
plu à répandre n'a été et n'est encore sans influence
sur les esprits ; en vain des écrivains courageux les
ont-ils combattus, en vain croit-on les avoir terras-

sés. Chassés de la capitale où plus de lumières
sont concentrées, ils se réfugient dans les départe-
mens et nous en sont ensuite rapportés comme de
vieilles modes, qu'il est quelquefois indispensable
de respecter, parce qu'une sorte de fausse opinion
publique s'y rattache.

Dans un pays où la pratique de la liberté est
encore presque inconnue, les mots ont nécessaire-
ment une très-grande influence : on leur croit une
sorte de pouvoir magique; et il semble que toutes
les difficultés doivent s'aplanir devant de certaines
sentences consacrées. Chacun répète avec emphase
les mots de liberté individuelle, de liberté de la
presse, de responsabilité des ministres; mais s'a-
git-il de mettre les hommes en possession d'un
droit réel, s'agit-il d'organiser de véritables garanties par des lois dont l'exécution ne soit pas
impossible, les uns reculent devant les conséquences
nécessaires des principes qu'ils ont admis, les autres s'irritent des dispositions les plus salutaires,
lorsqu'ils n'y retrouvent pas les expressions sacra-
mentales auxquelles ils ont voué un culte aveugle.

Cette observation se reproduit sous une forme ou
sous une autre à la discussion de chaque nouveau
projet de loi; mais aucune question ne la met dans
un plus grand jour que celle de la responsabilité des
ministres. Quand tous les partis ont eu successive-
ment à souffrir des violences ou des caprices de

l'autorité, il n'est pas étonnant que tous sentent vivement le besoin d'une garantie contre les agens du pouvoir. Aussi depuis que la chute du gouvernement impérial a rendu quelques organes à l'opinion publique, de toutes parts il s'est élevé un cri pour demander la responsabilité des ministres : aucun mot n'a été répété par plus de bouches; et toutefois il me semble que l'on est encore en droit de douter si c'est en y rattachant des idées bien précises. Il n'est guère, en effet, de question qui présente plus de difficultés et qui se lie à un plus grand nombre de points importans dans notre organisation constitutionnelle. En faut-il d'autre preuve que l'histoire de ce qui s'est passé depuis la restauration? En 1814, la chambre des députés a consacré de longues séances à l'examen d'une proposition sur cet objet; en 1815, M. Benjamin Constant a porté sur quelques points de la question l'admirable lucidité de son esprit; en 1816, elle a été traitée dans la chambre des pairs à l'occasion de la motion d'un de ses membres sur l'organisation de cette chambre en cour de justice; en 1817, la question a été reproduite, sous une autre forme, par un pair de France, qui joint à un beau talent une connaissance parfaite de la législation anglaise; et pourtant il s'en faut de beaucoup que le problème soit résolu, et que l'opinion publique soit satisfaite. La responsabilité des ministres est encore une sorte de messie dont tous attendent la venue, et duquel chacun espère la réalisation miraculeuse de quelques vœux différens. C'est au milieu d'un tel état des esprits qu'arrive sur la scène un projet de loi sur le mode de procéder dans les deux chambres, en cas d'accusation d'un ministre ; projet de loi qui a été fort mal à propos annoncé dans le public sous le nom de responsabilité des ministres, et qui, semblable aux écrits précédés d'une réputation disproportionnée avec leur mérite, a beaucoup à souffrir du ressentiment de l'attente trompée. En effet, il s'élève une clameur générale contre cette loi, et de toutes parts on l'accable de reproches, qui, je l'avoue, me paraissent peu mérités.

Avant d'examiner quel est son véritable objet, je crois qu'il importe d'écarter toutes les questions étrangères que l'on mêle dans la discussion. Il importe surtout de ne pas confondre deux choses aussi distinctes que la poursuite d'un ministre par la chambre des députés, et la responsabilité des agens du gouvernement, pour l'usage qu'ils font envers chaque citoyen du pouvoir qui leur est confié.

Beaucoup de gens qui ne se rendent pas un compte bien précis de leurs idées, attachent une importance exagérée à la faculté donnée à la chambre de poursuivre les ministres, et croient trouver dans cette faculté une garantie contre les agens du gouvernement, qu'elle me paraît loin de pouvoir offrir aux citoyens. On serait en droit de demander aux hommes de cette opinion de quoi ils se plaignaient, ce qui manquait à leurs vœux dans la législation existante, et quelle garantie de plus ils espéraient obtenir en réclamant une loi nouvelle. En effet, une loi quelconque, dans quelque intention libérale qu'on la suppose conçue, est toujours une limitation de pouvoir; et l'on ne s'expliquerait pas bien comment une telle limitation serait réclamée par ceux-là même qui seraient en possession d'un pouvoir sans bornes. La charte n'a point mis de restriction au pouvoir attribué à la chambre d'accuser les ministres, quelle extension de ce pouvoir auraient donc encore à désirer ceux qui y mettent un si grand prix? Que leur a-t-il manqué, si ce n'est une majorité pour exercer toute la plénitude de leurs droits à cet égard? Certes, ce ne sont pas les occasions. Qu'attendent-ils donc d'une loi nouvelle? Triste éducation du despotisme! Nous sommes habitués depuis si long-temps à voir le gouvernement disposer de tous nos droits, régler à son gré l'exercice de toutes nos facultés, qu'aujourd'hui nous ne concevons pas que rien puisse se faire autrement que par lui, et que nous sommes tentés de lui demander les choses qu'il est le moins en état de nous donner. Il ne nous suffit pas que la charte nous ait dit : Lève-toi et marche; il semble qu'il faille encore que les ministres viennent nous prendre par la main, et nous invitent à exercer contre eux-mêmes des droits qui nous sont acquis.

Tout ce qu'on peut demander à des ministres, c'est d'assurer l'ordre public aux moindres frais possibles pour la liberté ; mais attendre d'eux qu'ils nous donnent de la liberté quand nous pouvons en prendre sans leur secours, c'est, en vérité, être trop exigeant.

J'ai dit que, d'après la charte, la chambre des députés est investie d'un pouvoir sans bornes pour la mise en accusation des ministres. Cette vérité, que nous examinerons bientôt de plus près, résulte évidemment des termes mêmes de notre loi fondamentale. En effet les mots de *trahison* et de *concussion* sont des expressions tellement vagues, tellement générales qu'il n'y a aucun genre d'accusation qu'elles ne puissent embrasser par une application plus ou moins directe ; et à cet égard l'on ne saurait rendre trop de justice aux auteurs de la charte, si, comme j'aime à le croire, ils ont senti l'importance de laisser le champ le plus libre à l'action de la chambre des députés.

Je dis maintenant que les pouvoirs de la chambre des pairs pour juger les ministres sont, d'après la charte, aussi illimités que ceux de la chambre des députés pour les accuser. Les termes de notre constitution ne sont susceptibles d'aucune ambiguïté sur ce point. Que si l'on m'objectait que les exemples manquent, qu'il n'y a point de marche tracée pour la procédure, je répondrais que malheureusement la chambre des pairs ne s'est point laissé arrêter par des difficultés dont je suis pourtant loin de contester l'importance. En effet, n'avons-nous pas vu, dans une circonstance mémorable, cette chambre transformer son palais en prison ; son grand référendaire en geolier ; ses huissiers en appariteurs de justice : ne l'avons-nous pas vue improviser toute une procédure criminelle et inventer jusqu'à de nouvelles peines, puisqu'elle a fait périr le condamné d'un supplice différent de celui que la loi commune applique au crime dont il était accusé? La chambre des pairs est donc liée par sa propre jurisprudence; et après avoir fait de sa prérogative l'usage que nous venons de retracer, on ne sait pas sous quel prétexte elle pourrait refuser de se constituer juge du ministre qui serait traduit devant elle. Je le répète donc, dans ce moment où paraît le projet de loi qui nous occupe, il ne faut encore qu'une majorité et une occasion pour que la chambre des députés exerce pleinement le droit d'accuser les ministres. Sans doute il est à désirer que l'exercice de cette faculté soit soumis à des formes régulières; mais c'est bien plus dans l'intérêt de l'ordre, ou des ministres eux-mêmes, que dans celui de la liberté et des prérogatives de la chambre.

Que voulaient donc ceux qui réclamaient une loi, et que pouvaient-ils y gagner? A force de se plaindre, ils ont déjà obtenu une limitation de ce droit auquel ils attachent tant d'importance : qu'ils continuent à insister, à demander des définitions, des spécifications précises, il est probable qu'on ne refusera pas d'accéder à leurs vœux, et qu'enfin le résultat de leurs efforts sera de rendre l'accusation des ministres absolument impossible.

Après avoir prouvé que, depuis la charte, les chambres ont joui du droit le plus illimité pour accuser et juger les ministres, je me crois dispensé de démontrer que ce droit n'est qu'une garantie bien imparfaite pour les citoyens; ou autrement il faudrait prétendre que depuis trois ans il n'a été commis aucun excès, aucun abus de pouvoir, que personne n'a eu à se plaindre des erreurs ou des injustices de l'autorité. C'est déjà un inconvénient grave mais inévitable que dans ce qui concerne les intérêts généraux de l'état et l'administration de la fortune publique, les ministres ne puissent pas être soumis à un autre contrôle que celui de la majorité dans la chambre des députés; mais s'il fallait que notre liberté individuelle, nos droits et nos propriétés dépendissent d'une condition aussi précaire, aussi versatile que l'est une telle majorité, certes notre sort serait fort à plaindre.

Cette réflexion me conduit naturellement à exa-

miner un nouveau genre d'objections; objections
d'une tout autre importance que celles dont j'ai
parlé jusqu'ici, et qui méritent une attention bien
plus sérieuse; parce qu'elles partent d'hommes beaucoup plus éclairés et connaissant bien mieux en
quoi consiste réellement la responsabilité des agens
du pouvoir. « Nous convenons, disent-ils, que s'il
» s'agit de la mise en accusation des ministres,
» nous n'avons rien à demander de plus que la fa-
» culté dont la chambre jouit à cet égard. Mais ce
» n'est pas là la question importante. Sans doute,
» l'accusation d'un ministre, par la chambre des
» députés, est un exemple imposant dont les effets
» peuvent être salutaires; mais rien n'est plus rare
» que d'en venir là, et les droits des citoyens
» doivent reposer sur de tout autres garanties. Ce
» sont ces garanties que l'on devait faire entrer dans
» le projet de loi; il fallait qu'il organisât la respon-
» sabilité, non pas seulement des ministres vis-à-vis
» des chambres, mais des ministres et de tous les
» autres agens de l'autorité vis-à-vis des citoyens. Il
» fallait, en un mot, que chaque Français, en ou-
» vrant cette loi, pût y lire l'étendue de ses droits
» et tous les moyens qui lui sont donnés pour les
» faire respecter par les dépositaires de la force pu-
» blique. » Ici je m'arrête et je me demande s'il était
bien possible de faire entrer tant de choses dans une
seule loi, et s'il y aurait de grands avantages à jeter

au travers de la législation existante, tout un code sur la responsabilité, qui se trouverait en contradiction, je ne dis pas seulement avec quelques dispositions de nos autres codes, mais peut-être avec tout l'ensemble de notre organisation administrative et judiciaire.

Il y a long-temps qu'en France on est possédé de la passion de faire des lois immenses qui embrassent non-seulement toute l'étendue de la matière dont elles traitent, mais, pour ainsi dire, tout le reste de la législation coordonné par rapport à cette matière. Les rois dans leurs ordonnances, l'assemblée constituante dans ses décrets, Napoléon dans ses codes, ont tous été poussés par le même esprit. Sans doute il est possible de classer toutes les lois par rapport à telle ou telle idée, et de les présenter sous un aspect ou sous un autre; on peut dire même qu'il n'est guère de principe autour duquel tous les autres ne puissent se ranger dans un ordre plus ou moins naturel ; mais c'est là le travail d'un jurisconsulte, et non celui du législateur. Les lois doivent être précises, topiques, s'il est permis de s'exprimer ainsi ; l'on ne doit pas en faire des recueils d'aphorismes ou des traités de jurisprudence. Qu'arrive-t-il, en effet, de ces codes nombreux dont notre législation est encombrée ? c'est que le gouvernement s'y attache avec une sorte d'amour-propre d'auteur, et que lors même que les dispositions les plus indispensables y ont été omises, il devient impossible de rien modifier. N'entendons-nous pas encore répondre sérieusement, à ceux qui réclament le jury pour les délits de la presse, que ce serait déranger l'admirable économie du code d'instruction criminelle? Cet inconvénient n'est pas le seul, il en est un plus grave; c'est que lorsqu'un code, et je ne puis donner un autre nom à toutes les dispositions que l'on voudrait cumuler dans la loi dont je m'occupe, c'est que lors, dis-je, qu'un code a été rédigé par rapport à une certaine idée, il arrive infailliblement qu'il se trouve en discordance, si ce n'est en opposition directe avec les codes rédigés suivant un autre ordre d'idées. Ne voyons-nous pas chaque jour les jurisconsultes se plaindre des contradictions nombreuses qui existent entre les dispositions du code civil et celles du code de commerce, entre la loi commune et les principes que suivent les tribunaux administratifs, enfin, entre nos lois fondamentales et celles qui sembleraient ne devoir être destinées qu'à en assurer l'exécution ?

Soit, me dira-t-on; il se peut qu'il eût été difficile, et même mal conçu, d'organiser par une seule loi, tout ce qui concerne la responsabilité des agens; mais le désordre de la législation à cet égard, en est-il moins criant? ne fallait-il pas se hâter d'y porter remède? et si plusieurs lois sont en effet nécessaires pour donner enfin aux citoyens quelques garanties contre les caprices de l'autorité, pourquoi débuter par la loi qui a le moins d'importance, par celle dont nous serons le plus rarement dans le cas de faire usage ?

Ici la discussion change de nature ; ce n'est plus la loi que l'on attaque, c'est la marche du ministère qui la propose. Avant de chercher à le justifier, examinons ce qu'il y aurait à faire pour corriger la législation actuelle. Si nous trouvons en résultat qu'il ne faudrait pas moins que changer tout un titre du code pénal, et de nombreuses dispositions du code d'instruction criminelle, que réformer toute l'organisation de la justice administrative, et peut-être enfin, toute celle des tribunaux ordinaires, nous n'en sentirons pas moins, sans doute, la nécessité de sortir promptement du dédale d'arbitraire où nous sommes encore perdus ; mais nous jugerons que le ministère est excusable de n'avoir pas pu entreprendre jusqu'ici une réforme qui exige de si mûres réflexions, et qui présente de si nombreuses difficultés.

On parle beaucoup et avec une juste indignation de l'article 75 de la constitution de l'an 8, qui porte que : « les agens du gouvernement, autres que les » ministres, ne pourront être poursuivis pour des » faits relatifs à leurs fonctions, qu'en vertu d'une » décision du conseil d'état. » C'est par cette con-

stitution de l'an 8 que Bonaparte a préludé à l'arbitraire sans bornes, dont nos institutions et nos
mœurs ne porteront que trop long-temps l'empreinte. M. Necker, dans ses *dernières vues de politique et de finances*, a le premier signalé à l'opinion cet article destructif de toute liberté, à une
époque où il ne fallait pas moins de sagacité que de
courage pour en annoncer toutes les funestes conséquences. Mais dès lors le despotisme a fait des
progrès si effrayans dans toutes les branches de
notre législation, qu'aujourd'hui la suppression
même de cette garantie administrative serait, pour
ainsi dire, inaperçue; tant sont nombreuses les
autres dispositions de nos codes, qui anéantissent
toute espèce de responsabilité des agens.

L'on dit avec raison que l'article 75 de la constitution de l'an 8, étant en contradiction directe avec
les principes et la lettre même de la charte ( 1 ),
le seul fait qu'il ne soit pas explicitement abrogé;
que les fonctionnaires puissent encore l'invoquer;
et les tribunaux en faire l'application, est un scan-
dale public qu'il importe de faire promptement
cesser. A Dieu ne plaise que je ne partage pas un
tel vœu; mais quand cet article sera formellement

----

(1) Voyez à cet égard une excellente brochure sur la responsabilité des ministres, par M. Rey de Grenoble, avocat
estimable et ami éclairé de la liberté.

aboli, notre condition en sera-t-elle beaucoup meilleure? Je ne le pense pas. Le filet que le gouvernement impérial a tendu sur la France, est bien artistement tissu. En vain en a-t-on rompu quelques mailles; il nous enlace encore de toutes parts.

Voyons, en effet, quels sont les différens genres de délits que peuvent commettre les agens du gouvernement, quels sont ceux que met à couvert la garantie administrative, et que l'abrogation de cette garantie restituerait à la loi commune.

Les délits privés commis par des ministres ou d'autres fonctionnaires publics, sans rapport avec l'exercice de leurs fonctions, ne sont à l'abri d'aucune poursuite, et peuvent être déférés aux tribunaux, sans aucun intermédiaire. Ceci est un principe de justice tellement simple, tellement évident, qu'il semble presque puéril d'en faire mention; mais nous sommes si fort habitués, en France, à considérer les moindres agens de la force publique comme partageant l'inviolabilité royale, qu'il n'est pas superflu de répéter les choses même qui ont le moins besoin de démonstration.

Passons aux attentats contre la liberté individuelle; je trouve que ce genre de délits n'est pas non plus au nombre de ceux que met à couvert l'art. 75 de la constitution de l'an 8. — Je ne me dissimule pas combien cette assertion doit sembler étrange à tant de malheureux Français que les divers agens de l'autorité ont arrachés à leurs affaires et à leurs familles par les ordres les plus arbitraires, sur les prétextes les plus frivoles, et qui ont gémi dans les prisons, sans pouvoir obtenir ni la punition des fonctionnaires coupables ni le moindre dédommagement de leurs souffrances. — Toutefois je ne crois pas me tromper en affirmant que les agens du gouvernement ne peuvent exercer le droit d'arrestation qu'en qualité d'officiers de police judiciaire, et que, comme tels, ils sont sujets à la prise à partie, de la même manière que tous les officiers de justice.

« Lorsqu'un juge de paix ou de police, dit l'ar-
» ticle 483 du code d'instruction, ou un juge faisant
» partie d'un tribunal de commerce, *un officier de*
» *police judiciaire*, un membre de tribunal correc-
» tionnel, ou un officier chargé du ministère public
» près l'un de ces juges ou tribunaux, *sera prévenu*
» *d'avoir commis dans l'exercice de ses fonctions*
» *un délit emportant une peine correctionnelle, ce*
» *délit sera poursuivi et jugé comme il est dit à*
» *l'art.* 479 ( c'est-à-dire par la cour royale). »
— Les articles suivans sont relatifs aux crimes emportant peine de forfaiture ou autres plus graves.

La question ne peut donc être douteuse qu'à l'égard des préfets, auxquels l'art. 10 du code d'instruction paraît avoir donné le droit d'arrêter, sans que pourtant ils soient compris dans la liste des

officiers de police judiciaire énumérés à l'article 9.
Mais il y a là contradiction manifeste, et il me
semble que l'on peut prouver par une déduction
concluante, ou qu'ils n'ont pas le droit d'arrêter,
ou bien que, s'ils l'ont en effet, ils doivent être sujets
à la prise à partie.

Viennent maintenant les autres délits que peuvent commettre les fonctionnaires publics, et qui
effectivement ne sont pas susceptibles d'être poursuivis sans l'autorisation du conseil d'état. Mais, si
on en parcourt la liste dans le code pénal, on verra
que la plupart sont de ceux dont la poursuite intéresse plus le gouvernement que les particuliers. De
ce nombre sont les coalitions de fonctionnaires, les
concussions, les soustractions de deniers publics,
les usurpations de fonctions civiles ou de comman-
demens militaires, etc. L'on verra que les autres,
tels que les faux en écriture publique, les soustractions de pièces, la passation illégale d'actes de l'état
civil, etc., ne sont pas de nature à ce que le gouvernement ait des motifs bien pressans pour empêcher qu'on ne les défère aux tribunaux, et qu'en
général le conseil d'état accordera sans peine l'autorisation qui lui sera demandée. Sous ce rapport,
l'abrogation formelle de l'art. 75 de la constitution
de l'an 8 changerait donc peu de chose à notre
situation actuelle.

Ici je prévois une objection à laquelle je dois ré-

pondre, mais que je n'aborde qu'à regret. « Si vous
» affirmez, me dira-t-on, que les agens du gouverne-
» ment sont directement justiciables des tribunaux
» pour les délits privés qu'ils peuvent commettre;
» que, pour les attentats à la liberté individuelle,
» ils sont susceptibles d'être pris à partie comme les
» juges et les officiers du ministère public; et qu'en-
» fin pour les autres délits énoncés dans le code pé-
» nal, le conseil d'état accorderait sans peine l'auto-
» risation de les poursuivre, quel est donc l'arbitraire
» dont vous vous plaignez? » Hélas ! les plaintes una-
nimes de la France à cet égard ne sont que trop fondées; mais, pour les justifier pleinement, il faudrait
énumérer toutes les dispositions vicieuses du code
d'instruction criminelle, tous les subterfuges insi-
dieux par lesquels le despotisme dont nous héritons
a su protéger ses agens contre l'ombre même d'une
responsabilité; il faudrait surtout présenter le tableau déplorable de l'organisation de nos cours de
justice. On concevrait alors comment les chétives
garanties que la loi nous laisse, deviennent entièrement illusoires par la nature des tribunaux devant
lesquels nous avons à faire valoir nos droits.

Je vais plus loin encore; je dis que, lors même
que nos tribunaux seraient autres qu'ils ne sont;
que, lors même que nous aurions les juges les plus
éclairés, les plus fermes, les plus indépendans de
l'autorité, nous ne serions pas pour cela certains

d'obtenir justice contre les agens du gouvernement. En effet, d'après nos lois le ministère public est seul investi du droit de poursuivre : or, le ministère public n'est autre chose que le représentant du gouvernement auprès des tribunaux, et il est par conséquent peu probable qu'on le voie jamais bien empressé d'appeler l'animadversion de la justice contre des délits qui auront peut-être été commandés par des autorités supérieures; il est difficile de croire que des magistrats, révocables à volonté, exercent jamais une action énergique contre ceux dont dépend leur destitution ou leur avancement. Mais les citoyens ne peuvent-ils pas au moins se pourvoir devant les tribunaux civils, et obtenir des dommages et intérêts ? Non, car l'action civile reste suspendue jusqu'à la conclusion de la poursuite criminelle, et il n'est pas plus possible de forcer le ministère public à suivre une instance commencée, que de l'obliger à en commencer une nouvelle. En vérité l'on ne peut s'empêcher d'admirer avec quel art machiavélique toutes les dispositions de nos codes sont conçues, de manière à ce que de tous côtés l'opprimé ne rencontre que des fins de non-recevoir et des dénis de justice.

J'aborde maintenant le point le plus délicat de la question, celui qui est aussi le plus important, parce que les difficultés qu'il présente sont journalières. Je veux parler des violations de la propriété, non par les *faits*, mais par les *décisions* de l'autorité ; en un mot de l'administration proprement dite.

Les divers genres d'injustice par lesquels les agens du gouvernement peuvent violer la fortune des citoyens, sont principalement la levée indue de deniers, l'interposition illégale entre des intérêts privés ; enfin, l'appropriation arbitraire d'une propriété privée à un service public. Aucun de ces actes n'est mis à couvert par l'art. 75 de la constitution de l'an 8, qui leur est entièrement étranger, et dont l'abrogation, ainsi que nous l'avons vu plus haut, ne restituera au droit commun que les délits énoncés dans le code pénal. Mais ne croyons pas que la condition des citoyens en soit meilleure, ni qu'il leur en soit plus facile d'obtenir justice.

Avant la révolution, les parlemens ayant la haute police du royaume, les ordonnances des intendans pouvaient leur être déférées directement par le procureur général : aujourd'hui la connaissance des décisions administratives est formellement interdite aux tribunaux. Si l'assemblée constituante a droit à notre reconnaissance, c'est surtout pour ce qu'elle a détruit, bien plus que pour les institutions qu'elle a fondées. Dans tout ce qu'elle nous a laissé, on trouve des traces de précipitation ou d'imprévoyance qu'il est impossible de ne pas reconnaître. Elle avait organisé dans chaque département des administrations électives, qui venaient ressortir à elle-même, et qu'elle avait eu soin de mettre à l'abri de toute action judiciaire, sans doute par un reste de haine pour les parlemens, qui cependant n'existaient plus. Qu'en est-il arrivé? C'est que le gouvernement a envahi par degrés tous les pouvoirs des assemblées départementales ; mais qu'il s'est bien gardé de restituer aux tribunaux civils la connaissance des actes de l'administration. Avec les préfets, contr'épreuve des intendans, les conseils de préfecture ont été institués comme tribunaux administratifs. Enfin l'organisation du conseil d'état est venue mettre le sceau à l'œuvre : ce conseil d'état dont l'existence, aujourd'hui problématique, semble contraire aux dispositions de la charte, et qui a reçu pourtant une sorte de confirmation indirecte, par divers articles de lois récentes qui y font allusion.

Je suppose donc que, de son propre mouvement ou en exécution des ordres du ministre, un préfet fasse fermer par un arrêté l'usine qui me fait vivre, ou qu'il me ruine, en interprétant d'une façon injuste et onéreuse pour moi le marché que j'ai conclu avec l'administration; ou qu'enfin il me force arbitrairement à céder mon champ pour le passage d'une grande route : à qui pourrai-je me plaindre, et quel sera mon recours ? Si je m'adresse aux tribunaux, ils me répondront qu'ils ne peuvent rien pour moi ; que les arrêtés des préfets ne sont pas de leur ressort; qu'il leur est interdit, sous des peines sevères, de s'immiscer dans les décisions administratives : mais qu'il existe, pour ces sortes d'actes, un autre ordre de juridictions, dont je puis suivre la hiérarchie. Je m'adresserai donc au conseil de préfecture, tribunal où je retrouverai comme juge, le préfet que j'attaque comme administrateur. Si je suis condamné, ainsi qu'il n'est que trop probable, j'aurai recours à la commission du contentieux, tribunal dont les arrêts ne sont encore que des avis auxquels le ministre n'est nullement tenu de se conformer. Ainsi le résultat de tous mes efforts sera d'en avoir appelé de l'agent qui a exécuté l'ordre au ministre qui l'a donné. Telle est la législation que le gouvernement impérial nous a léguée : de quelque part que l'on tourne les yeux, de quelque côté que l'on veuille attaquer la citadelle du pouvoir arbitraire, partout on la trouve entourée d'un triple rang de bastions.

La garantie donnée aux administrateurs par la constitution de l'an 8, le pouvoir irrégulier des préfets, la plupart des dispositions du code d'instruction criminelle, un grand nombre de celles du code pénal, l'existence du ministère public, l'esprit et l'organisation des tribunaux, celle des juridictions administratives : voilà ce qu'il faut changer en France, avant d'avoir résolu le problème de la responsabilité des agens du gouvernement.

J'ai présenté, autant qu'une connaissance très-imparfaite de notre législation a pu me le permettre, le tableau effrayant des abus dont elle est encombrée, et des difficultés sans nombre qui s'opposent à leur réforme. Que faut-il en conclure? devons-nous courber la tête sous le joug, et nous résigner à ne sortir jamais d'un tel chaos? Non, certes, et j'ai la confiance que les ministres eux-mêmes repousseraient avec indignation une semblable pensée; mais du moins ne soyons pas étonnés qu'une entreprise aussi colossale n'ait pu être achevée par une seule loi, et dès les premiers jours de l'existence du nouveau ministère.

Revenons maintenant à la responsabilité des ministres, et aux articles de la charte qui concernent leur mise en accusation. Ce sont les articles 13, 33, 55 et 56.

L'article 13 porte : *La personne du roi est inviolable et sacrée. Ses ministres sont responsables. Au roi seul appartient la puissance exécutive.*

Il est clair que ces mots, *les ministres sont responsables*, sont identiques avec ceux qui les précèdent, *la personne du roi est inviolable.* La responsabilité des agens de la puissance exécutive peut seule expliquer comment le dépositaire suprême de cette puissance est au-dessus de l'atteinte des lois. L'art. 13 de la charte ne fait donc que consacrer un principe évident, et nous n'avons point à nous en occuper ici.

L'art. 33 porte que : *La chambre des pairs connaît des crimes de haute trahison et des attentats à la sûreté de l'état, qui seront définis par une loi.*

Nous avons vu qu'elle a déjà usé de son droit à cet égard, et qu'elle n'a attendu pour cela ni une définition des attentats dont elle est juge, ni une loi sur la procédure qui doit lui servir de règle. Du reste, elle ne connaît des crimes de haute trahison qu'en concurrence avec les tribunaux ordinaires ; et le roi est toujours le maître de les déférer à son choix à l'une ou aux autres.

Les art. 55 et 56 sont ainsi conçus :

Art. 55. *La chambre des députés a le droit d'accuser les ministres et de les traduire devant la chambre des pairs, qui seule a le droit de les juger.*

Art. 56. *Ils ne peuvent être poursuivis qu'en cas de trahison ou de concussion. Des lois particulières spécifieront cette nature de délits, et en détermineront la poursuite.*

Il est évident que ces deux articles ne peuvent pas être séparés, et qu'ils doivent servir mutuellement à l'interprétation l'un de l'autre ; car si on les considérait isolément et qu'on voulût en suivre la lettre avec une exactitude judaïque, ils présenteraient des contre-sens manifestes.

Je m'arrête au premier : *La chambre des députés a le droit d'accuser les ministres et de les traduire devant la chambre des pairs, qui seule a le droit de les juger.* Il est clair qu'il faut sous-entendre : *dans le cas où ils sont poursuivis par la chambre des députés.* Prétendrait-on en effet que le roi n'a pas le droit de les faire traduire devant un autre tribunal ; ou que, si un ministre signait une fausse lettre de change, ce fût devant la chambre des pairs qu'il fallût le poursuivre ? Ce serait tomber dans l'absurde. Passons à l'article 56. *Ils ne peuvent être poursuivis qu'en cas de trahison ou de concussion.* Il est clair encore qu'il faut lier le sens de ces paroles à celui de l'article précédent et sous-entendre, ils ne peuvent être poursuivis *par la chambre des députés.* C'est-à-dire, que , lorsqu'ils compromettent la sûreté ou la fortune de l'état , lorsqu'ils se rendent coupables de ce genre d'attentats qui menacent les intérêts de la communauté , sans frapper particulièrement tel ou tel citoyen, ils sont susceptibles d'être poursuivis par la chambre des députés devant la chambre des pairs ; ce qui n'empêche pas qu'ils ne soient justiciables des tribunaux ordinaires pour les autres délits qu'ils peuvent commettre. Et qu'on ne prétende pas que , même pour les délits politiques qui menacent seulement les intérêts généraux de l'état , ils ne puissent être poursuivis que par la chambre des députés et jugés que par la chambre des pairs.

Ce serait une erreur fort dangereuse. Il en résulte-
rait en effet que, si un ministre ambitieux se rendait
maître de la majorité dans une chambre factieuse
ou corrompue, il pourrait impunément trahir les
intérêts du monarque, ou attaquer la prérogative
royale sans que le roi eût aucune manière de le
faire traduire en justice. Certes une telle doctrine
n'est pas soutenable.

Restent donc maintenant les deux dernières dispositions de l'article 56 : « *Des lois particulières
spécifieront cette nature de délits , et en détermineront la poursuite.* » Ici, de nouveau, à peine de
tomber dans l'absurde, il faut se garder de s'arrêter
servilement à la lettre, et de ne pas en rechercher
l'esprit avec bonne foi. Qu'un souverain despotique
défende aux agens de son pouvoir toute réflexion
sur les ordres absolus qu'il leur donne ; qu'une religion intolérante interdise aux hommes l'usage de
leur raison pour examiner les bases de leur croyance,
cela peut se concevoir ; mais que dans un pays libre,
sous un gouvernement constitutionnel, les citoyens
doivent faire abstraction de leur intelligence pour
rechercher le véritable sens de leurs lois fondamentales, c'est ce qu'il est impossible de croire. Or,
voici, selon moi, la seule interprétation raison-
nable que l'on puisse donner à ces paroles : *Des
lois particulières spécifieront cette nature de délits.*
Ces mots signifient que , indépendamment des dé-

lits politiques, par lesquels un ministre peut mettre en danger l'existence ou la fortune de l'état, et qui sont désignés par les expressions générales de trahison et de concussion, des lois subséquentes peuvent attacher un caractère spécial de criminalité à tel ou tel genre d'acte ministériel ; et, en effet, la charte n'a pas dit : *Une loi définira*, mais *des lois spécifieront*. Que si l'on voulait prétendre qu'une seule loi doit définir dès à présent et à tout jamais, toutes les fautes, toutes les erreurs, toutes les faiblesses par lesquelles un ministre peut compromettre les intérêts de son pays, je dirais qu'une telle spécification, fût-elle praticable, ne serait point à désirer pour l'avantage de la liberté ; mais que, d'ailleurs, elle est logiquement impossible. Ne perdons pas de vue que rien ne ressemble moins aux poursuites criminelles ordinaires, que l'accusation d'un ministre par la chambre des députés : une telle accusation est une véritable guerre entre l'opinion nationale et le pouvoir. En vain croirez-vous avoir atteint, par vos définitions, à toutes les combinaisons imaginables, si le ministre est fort, vous lui assurez l'impunité ; si la chambre est factieuse, elle ne s'arrêtera pas à des distinctions subtiles ; et, irritée des obstacles minutieux qu'elle aura rencontrés dans sa route, elle en sera plus acharnée, plus violente dans sa poursuite. Que ceux donc qui croient à la possibilité de ces définitions précises, s'exercent, s'ils le veulent, à réaliser une entreprise chimérique : ils reconnaîtront bientôt l'inutilité de leurs efforts, et le ministère sera justifié à leurs yeux comme aux nôtres de ne pas s'être appliqué à résoudre un problème insoluble.

Nous n'avons plus désormais à nous occuper que des derniers mots de l'article 56 de la charte ( *en détermineront la poursuite* ) ; car ce sont ces mots dont la loi proposée est le commentaire. Arrivés maintenant sur le véritable terrain de la discussion, la question devient fort simple, et tout le monde l'aurait trouvée telle dès l'origine, si le discours de l'orateur du gouvernement n'avait pas fait concevoir de tout autres espérances que celles que le projet de loi pouvait et devait réaliser.

Ce discours, il faut le dire, en mêlant dans la question des sujets qui lui sont entièrement étrangers, en parlant de la responsabilité des agens là où il ne s'agit que de la poursuite des ministres, a beaucoup contribué à la confusion d'idées que nous avons cherché à éclaircir.

Que font en réalité les ministres par la loi qu'ils nous proposent? Ils disent à la chambre: Aujourd'hui nous sommes en paix, profitons de ce moment pour régler entre nous le droit des gens qui nous régira pendant la guerre; convenons des armes avec lesquelles vous pourrez nous attaquer, et de celles avec lesquelles nous pourrons nous défendre. En

un mot, la loi proposée est une loi de procédure ;
et, considérée comme telle, il y a peu de reproches
essentiels à lui faire. J'espère même démontrer
qu'elle renferme des clauses précieuses pour la liberté.

L'accusation d'un ministre par la chambre des
députés, avons-nous dit, est une guerre entre le
pouvoir et l'opinion. Tel est, en effet, le véritable
point de vue de la question ; si on veut y apporter
des idées puisées dans la procédure criminelle ordinaire, on tombe dans un dédale dont on ne peut
plus sortir. Les ministres ont le droit de dissoudre
la chambre lorsqu'ils la trouvent, ou factieuse, ou
seulement trop contraire à leurs plans de gouvernement ; la chambre a le droit de les accuser
lorsqu'un acte de leur administration lui paraît
coupable, ou même seulement dangereux pour les
intérêts de l'état ; ce sont des armes que la charte a
données à ces deux puissances pour se défendre
l'une contre l'autre ; et les notions ordinaires de
crimes et de délits sont ici sans aucune application.
Dans cette guerre de la chambre contre les ministres, la devise de ses drapeaux doit être :

*Parcere subjectis et debellare superbos.*

Tant qu'un ministre est debout, tant qu'il peut
user de toutes les ressources du pouvoir pour ter-
rasser ses adversaires, on ne saurait laisser un

champ trop libre à l'action de la chambre. Dès qu'il a reçu les premiers coups, dès que la dénonciation contre lui a été admise, il faut que la loi le couvre de son égide ; et, de tous les accusés, un ministre poursuivi par les représentans de la nation est celui qu'il faut entourer du plus grand nombre de garanties ; soit parce que ses accusateurs sont plus redoutables et plus passionnés, soit parce que le tribunal qui prononce sur son sort, est composé de juges qui ne sauraient être complétement impartiaux, et qui d'ailleurs n'ont jamais un respect suffisant pour les formes.

En examinant la loi d'après le principe que je viens de poser, je crois qu'on trouvera qu'elle a trop multiplié les délais de la mise en accusation, et qu'en revanche elle n'a peut-être pas soumis le jugement à des formes assez lentes. Les délais nécessaires pour donner aux passions le temps de se calmer, eussent été, ce me semble, mieux placés entre l'époque de la mise en accusation et celle du jugement. En effet, plus les obstacles dont la chambre devra triompher seront nombreux, plus son irritation s'en accroîtra ; elle ne retrouvera du calme qu'après avoir obtenu le premier objet de ses efforts, la mise en accusation ; et c'est alors que des délais deviennent salutaires pour assurer l'impartialité du jugement.

Toutefois ces observations ne portent que sur

les lenteurs antérieures au rapport de la commission, mais non, certes, sur les trois débats à huit
jours d'intervalle que la loi exige avant de prononcer la mise en accusation. Trois débats successifs me paraissent nécessaires, non-seulement
dans ce cas-ci, pour s'assurer que la chambre ne se
décidera pas trop légèrement à un acte aussi grave
que la poursuite d'un ministre ; mais, dans tous les
cas possibles, pour donner à la discussion des lois le
calme et la maturité qu'elle exige. Et par le mot
de *débats* l'on ne saurait entendre qu'une discussion
orale, car il est impossible de nommer ainsi les
séances académiques où nos députés viennent déclamer du haut de la tribune des compositions écrites à loisir. Je ne puis m'empêcher de regretter ici
que la chambre des députés n'ait pas accueilli avec
plus d'attention le projet de règlement qui lui a été
soumis par M. de Serres à la dernière session : ce
projet, quoique susceptible sans doute de diverses
critiques, était pourtant fort supérieur au règlement actuel, et consacrait, entre autres avantages,
le principe des trois débats, dans l'un desquels les
discours écrits étaient prohibés.

Du reste, s'il est reconnu que ce qui intéresse véritablement la liberté publique, c'est bien moins la
condamnation d'un ministre que son accusation,
l'on peut dire aussi que le fait même de la mise en
accusation a encore moins d'importance que les dé

bats auxquels la dénonciation donne lieu. Que cette dénonciation soit toujours possible, que le ministre prévaricateur en soit toujours menacé, voilà ce qui est essentiel, et non pas d'assurer des triomphes rapides à l'esprit de parti.

« Mais pourquoi, disent quelques personnes, être
» si libéral envers les ministres? pourquoi, lors-
» qu'ils sont coupables, soumettre leur poursuite à
» tant de difficultés? pourquoi leur donner des ga-
» ranties dont tous les autres citoyens sont privés ? »
Ceci, je l'avoue, me paraît un argument pour améliorer la condition des citoyens, et non pour empirer celle des ministres. Qui sait même si en donnant l'exemple d'une procédure humaine et protectrice de l'accusé, la loi qui nous occupe ne fera pas réfléchir sur les inconvéniens graves de notre législation ordinaire, et si elle ne contribuera pas un jour à en amener la réforme ?

Parmi les articles du premier titre de la loi, il en est un ( l'art. 6 ) qui mérite une attention parti-culière, soit parce qu'il remplit complétement son objet spécial, soit parce qu'on peut en espérer ul-térieurement de très-heureuses conséquences. Cet article est ainsi conçu : « La commission reçoit et
» *vérifie* tous documens et *témoignages* qui sont
» produits à l'appui des faits précisés et qualifiés par
» la décision de la chambre, ou qui sont présentés
» par le ministre pour sa justification. » Le droit

d'enquête, consacré par cet article, est une condition indispensable, non-seulement pour que la
chambre puisse prononcer en connaissance de
cause sur l'accusation d'un ministre, mais pour
qu'elle ne vote pas désormais des lois sans en avoir
approfondi les véritables bases.

Voyons ce qui se passe à cet égard en Angleterre. S'agit-il de réformer des lois anciennes ou
d'en créer de nouvelles, la première démarche de
la chambre des communes est de charger des comités pris dans son sein d'examiner tous les élémens
de la question. Ces comités, investis des pouvoirs
les plus amples, et dont les fonctions se prolon-
gent durant l'intervalle des sessions, interrogent de
nombreux témoins, font comparaître devant eux
toutes les personnes dont les lumières peuvent
leur être utiles, et soumettent enfin à la chambre une
masse imposante de documens. Les rapports volu-
mineux de ces divers comités sur la police de la
métropole, sur l'état des prisons, sur l'instruction
des pauvres, sur l'état de l'agriculture, sur celui
des classes manufacturières, etc., offrent à l'homme
d'état l'étude la plus instructive à laquelle il
puisse se livrer. Espérons que cet exemple salutaire
ne sera pas perdu pour nous, et que nous n'en serons pas toujours réduits à voter au hasard des lois
de circonstance, sans avoir, pour en apprécier la
nécessité, d'autres données que les magnifiques

lieux communs de quelques orateurs complaisans, ou les réponses de quelques-uns de leurs antagonistes, moins insipides sans doute, mais souvent tout aussi dénuées de fondement. Par le droit d'enquête, les discussions de nos chambres sortiront du domaine de la rhétorique, pour entrer dans celui de la réalité ; elles acquerront un intérêt, une vie qui leur a manqué jusqu'ici, et dont l'absence frappe tous les hommes habitués à la pratique de la liberté.

Si toute la partie du projet de loi qui est relative à la procédure me paraît susceptible de fort peu de critiques, je suis loin d'avoir le même sentiment de celle qui concerne la pénalité.

L'art. 27 porte : *Les peines que la cour des pairs peut prononcer contre un ministre convaincu de trahison ou de concussion, sont :*

*La mort ;*

*La déportation ;*

*La détention à perpétuité ;*

*La dégradation civique ;*

*L'emprisonnement à temps.*

*La cour gradue ces peines suivant la gravité des cas et circonstances.*

Nous avons vu plus haut qu'il était impossible de définir tous les genres d'actes ministériels qui peuvent être poursuivis par la chambre des députés : de cette impossibilité résulte, comme une conséquence forcée, le pouvoir discrétionnaire attribué à la chambre des pairs, soit pour apprécier le délit, soit pour graduer la peine. Mais plus cet arbitraire est indispensable, plus il devient dangereux de laisser aux peines une latitude aussi effrayante. Et comment ne pas gémir d'y voir figurer la mort et la déportation?

En Angleterre, comme on sait, les mots consacrés pour la mise en accusation d'un ministre *high crimes and misdemeanors*, sont des expressions générales qui ne donnent jamais lieu à l'application de la peine capitale; et, d'ailleurs, la chambre des lords ne peut prononcer de sentence de mort que contre un de ses membres. Plus les délits sont multiformes, plus ils demandent des peines faciles à graduer : or, ces peines sont principalement la prison, et les amendes que je regrette de voir omises dans le projet de loi.

« Quoi, m'objectera-t-on, pensez-vous qu'un » crime contre la sûreté de l'état puisse être suffi- » samment puni par une amende? » Ici de nouveau ce sont les mots de trahison et de concussion qui viennent fausser les idées; et il vaudrait mieux sans doute qu'ils ne se trouvassent ni dans l'article de la charte, ni dans celui de la loi; mais, toutefois, l'objection n'est pas difficile à réfuter.

Un ministre a deux manières très-distinctes de se rendre coupable de trahison et de concussion. Il peut, trompant à la fois et la nation et le roi, trafi-

.quer des intérêts de son pays avec une puissance étrangère, ou détourner à son profit les revenus de l'état.

Il peut aussi, d'accord avec un prince qui, par une triste et fausse politique voudrait séparer sa cause de celle de son peuple, favoriser la plus dangereuse des usurpations, celle de la liberté et de la fortune publique.

Dans le premier cas, le roi n'attendra pas que le ministre coupable soit accusé par la chambre des députés; aussitôt qu'il sera informé de son crime il le destituera, et le fera traduire directement, soit devant la chambre des pairs, soit devant les tribunaux ordinaires.

Dans l'autre hypothèse, ce qui importe à l'intérêt de la nation, ce n'est pas que le ministre soit puni de telle ou telle peine; c'est que ses intrigues soient dévoilées; c'est que, frappé par l'opinion, il soit obligé de quitter honteusement sa place, et de restituer avec usure ce qu'il a enlevé au trésor public. Son véritable supplice, c'est l'ambition déçue, et la perte d'une fortune acquise par la fraude.

Les rédacteurs du projet de loi en avaient, dit-on, dans le principe, écarté la peine de mort; mais ils se sont empressés de la rétablir, par la crainte, sans doute, qu'on ne les accusât de se traiter eux-mêmes avec trop d'indulgence. Qu'à cela ne tienne, semblent-ils avoir dit, aux adversaires de leur projet; vous trouvez les peines trop douces, mettons-y la mort; la déportation, la détention perpétuelle, tout ce qui pourra vous complaire. Mais ce point d'honneur législatif me paraît tout au moins hors de propos; et il est d'ailleurs permis de douter qu'il soit bien méritoire; car les ministres, ceux du moins qui conçoivent le véritable état de la question, savent fort bien que l'aggravation des peines ne rend point leur situation plus périlleuse. Si je crois donc devoir m'élever contre les dispositions pénales du projet de loi, ce n'est point certes dans l'intérêt des ministres auquel je suis étranger, et qui, d'ailleurs, me paraît peu menacé; c'est pour empêcher de tous mes faibles moyens qu'une loi nouvelle ne vienne consacrer le principe de la peine de mort appliquée à des délits politiques, principe odieux et funeste qui n'est pas moins repoussé par la prudence humaine que par la morale éternelle.

Si j'avais à m'occuper de la peine de mort en général, je demanderais si les saintes lois de la religion permettent à la société d'abréger par ses rigueurs le temps que la providence nous a donné pour nous perfectionner ou nous repentir; je demanderais si les préceptes sacrés de la morale permettent à l'homme d'infliger à son semblable une peine inconnue, une peine dont il nous est impossible d'apprécier la gravité. Je demanderais enfin si les principes de l'utilité publique ne sont pas en ce point d'accord avec ceux de la morale; si la peine de mort est en effet un frein salutaire pour le crime, et si le triste spectacle d'une exécution a jamais fait naître d'autre sentiment parmi les témoins qu'un plaisir féroce pour le vulgaire, et pour les âmes élevées un mouvement d'horreur qui rejaillit souvent du bourreau sur le juge. Je citerais l'exemple de la Toscane, où l'abolition de la peine capitale avait produit en très-peu de temps les effets les plus salutaires; je citerais aussi l'exemple de l'Angleterre, où un abus cruel de ce supplice n'empêche pas la multiplication effrayante des crimes qu'il est destiné à réprimer. Je m'appuierais enfin de l'autorité respectable des publicistes et des jurisconsultes les plus éclairés. Mais, si tels sont les argumens par lesquels on peut combattre la peine de mort en général, que dire de son application à des délits politiques, à des tentatives dont l'appréciation dépend toujours de leur succès. Comment assimiler aux crimes contre la société, à ceux qui inspirent une égale horreur à tous les hommes, et dans tous les temps, ces égaremens passagers de l'ambition, ces erreurs d'opinion, qui sont jugées d'une manière si différente, suivant les personnes et suivant les circonstances. Comment, dans un pays qui a subi tant de gouvernemens divers, qui a été déchiré par tant de factions opposées, ne pas se sentir arrêté, lorsqu'on va frapper d'une peine irréparable de prétendus crimes, qui, dans quelques années, dans quelques jours peut-être, passeront pour des actions héroïques, ou, tout au moins, pour des erreurs excusables. Qui oserait soutenir maintenant que le général Mallet ait mérité la mort; et les jurés qui ont condamné M. de Lavalette, les juges qui ont prononcé sa sentence, ne doivent-ils pas bénir le ciel de leur avoir épargné le souvenir le plus douloureux?

Si l'assemblée constituante eût adopté un principe différent de celui qu'elle a suivi; si, au lieu d'abolir la peine de mort pour la plupart des crimes ordinaires et de la réserver pour la haute trahison, elle eût exempté les crimes politiques de la condamnation capitale; peut-être nos annales ne seraient-elles pas ensanglantées par tant de meurtres judiciaires, peut-être les amis vertueux de la révolution n'auraient-ils pas à gémir de tous les forfaits qui ont souillé une cause si pure dans son principe.

Je ne sais quel sort l'avenir réserve à la France; je ne sais si notre liberté, bien imparfaite encore, est pourtant déjà assez robuste pour triompher sans violence de tous les efforts des factions; mais que du moins l'effusion du sang ne rende pas les haines éternelles! ne faisons plus aux enfans un triste devoir de venger la mort de leurs pères.

www.ingramcontent.com/pod-product-compliance
Ingram Content Group UK Ltd.
Pitfield, Milton Keynes, MK11 3LW, UK
UKHW022345120726
13694UKWH00004B/1684